pet TOM

Aventurier des Mers

Texte : Maryse Dubuc
Illustrations : Jean Morin

À tous ceux qui savent reconnaître
les vrais trésors.
MARYSE

Le raton laveur

Catalogage avant publication de Bibliothèque et Archives Canada

Dubuc, Maryse, 1977-

Aventurier des mers

(Petit Tom)
(Le raton laveur)
Pour enfants de 3 à 6 ans.

ISBN 978-2-89579-130-0

I. Morin, Jean. II. Titre. III. Collection: Dubuc, Maryse, 1977- . Petit Tom. IV. Collection: Raton laveur (Bayard (Firme)).

PS8557.U238A932 2007 jC843'.6 C2006-942074-2
PS9557.U238A932 2007

Nous reconnaissons l'aide financière du gouvernement du Canada par l'entremise du Programme d'aide au développement de l'industrie de l'édition (PADIÉ) pour nos activités d'édition.

Conseil des Arts du Canada Canada Council for the Arts

Bayard Canada Livres inc. remercie le Conseil des Arts du Canada du soutien accordé à son programme d'édition dans le cadre du Programme des subventions globales aux éditeurs.
Cet ouvrage a été publié avec le soutien de la SODEC.
Gouvernement du Québec – Programme de crédit d'impôt pour l'édition de livres – Gestion SODEC.

Dépôt légal – 1e trimestre 2007
Bibliothèque nationale du Québec
Bibliothèque nationale du Canada

Direction : Paule Brière
Graphisme : Mathilde Hébert
Révision : Pierre Guénette

4475, rue Frontenac, Montréal (Québec), Canada H2H 2S2
Téléphone : 514 844-2111 ou 1 866 844-2111
Télécopieur : 514 278-3030
Courriel : edition@bayard-inc.com

Imprimé au Canada

Aujourd'hui, Tom est en visite chez grand-mère. Pour la toute première fois, il a obtenu une permission très spéciale : fouiller dans le vieux coffre.

– Tu es sûre, Maman ? demande le père de Tom à sa mère.
– T'inquiète pas, ce ne sont que des vieilleries ! Si ça peut l'amuser un peu… répond grand-mère.
À l'intérieur du coffre, Tom trouve surtout de vieilles robes et plein de trucs de filles.

Mais il y a aussi ceci :

— Ça doit venir d'un ancien costume d'Halloween, commente le père de Tom.
Mamie le reprend aussitôt.
– Mais non, c'est un vrai ! Ton père l'a porté lorsqu'il a été blessé à un oeil.
– Alors grand-père était un pirate ? les interrompt Tom.
– Oh toi ! mon petit homme…
La grand-mère de Tom l'appelle souvent comme ça. Elle dit que c'est un jeu de mots. Elle ajoute :
– Parfois, ton imagination déborde de ta tête, hein ?
– Oui, et elle envahit toute la maison ! répond Tom.

Mamie se lève pour prendre quelque chose sur le réfrigérateur, puis se penche vers Tom.
– Tiens, prends cette carte, c'est pour toi.

Le parchemin attire immédiatement l'attention de Tom. C'est une carte au trésor ! Comme elle est belle ! Elle scintille d'or et d'argent. Rien que la carte, c'est déjà un petit trésor. Cela présage une belle récompense si Tom arrive à trouver les richesses dont elle protège le secret.

Tom se plonge dans l'étude de la carte. Il a du mal à la décrypter, à saisir l'énigme qu'elle protège. Mais il ne tarde pas à en percer le mystère : aucune carte ne peut confondre le brillant capitaine Tom !

Tenant fermement la précieuse carte, le capitaine monte à bord de son immense navire. Prêt à partir à la recherche du trésor, il prend le gouvernail et se met en route. Quelle joie de sentir l'air du large qui lui caresse les oreilles, et le sol qui tangue sous ses pieds ! Tom adore la vie à bord d'un bateau. Pêcher pour se nourrir, regarder les étoiles pour se repérer, dormir dans une cabine, que de plaisirs !

Après plusieurs jours de voyage, le capitaine entend un cri d'oiseau. La terre serait-elle si proche ?
Mais non ! C'est Roxy, son fidèle compagnon, qui veut manger.
Tom s'avance vers la cage du perroquet. Il l'ouvre et plonge la main à l'intérieur pour donner quelques graines à l'oiseau.
Contre toute attente, le perroquet lui picore violemment le doigt.
– Aïe !

Tom sort la main de la cage
lorsqu'arrive le matelot.
– Qu'est-ce que tu fais
à ce malheureux oiseau ?

Le capitaine se tourne vers son matelot et s'apprête à lui répondre lorsqu'il aperçoit derrière son épaule… l'île magique ! Le but de leur voyage est enfin en vue !

Ignorant ce qui l'attend sur cette île, le capitaine Tom prend avec lui sa meilleure épée. Il monte ensuite à bord d'une barque et rame jusqu'à la magnifique plage de sable blanc. Quelle chance de pouvoir explorer ce territoire sauvage peuplé d'animaux exotiques ! Une fois à terre, le capitaine retourne la carte selon les instructions.

Le capitaine avance prudemment dans la jungle.
Il coupe les lianes avec son épée tout en comptant ses pas.
Il doit savoir en tout temps où il se situe
par rapport au plan.

C'est alors que Tom entend des craquements pas très loin devant lui. Il se faufile entre les buissons, léger comme un oiseau. Dans une éclaircie, le capitaine aperçoit… Non, il n'arrive pas à le croire : un autre pirate ! Il n'est donc pas seul à la recherche du trésor ?

Le capitaine Tom doit se dépêcher !
Il tient à mettre la main sur le trésor avant son rival. Celui-ci ne l'a toujours pas repéré : c'est un avantage pour Tom. N'écoutant que son instinct, il se met à courir très vite, droit devant lui. Quelque chose lui dit que le trésor est dans cette direction. Tom dépasse facilement le pirate qui marche si lentement qu'il semble arrêté.

Le capitaine Tom aperçoit une grotte.
Se pourrait-il que le trésor y soit caché ?
Sans hésiter, Tom se précipite
dans le renfoncement rocheux.

Le capitaine aperçoit le trésor, tout au fond de la grotte. Il est ébahi.
– Ouah... Magnifique !
Tom voudrait bien prendre le temps d'explorer le contenu du coffre, mais il doit d'abord le mettre en sécurité.

Vite, le capitaine referme le coffre et se précipite vers la sortie de la grotte. Trop tard ! Au moment où il s'apprête à ressortir à l'air libre, le vilain pirate lui bloque le chemin.
Tant pis pour lui, Tom devra forcer le passage. Le coffre sous un bras, son épée dans l'autre main, le capitaine se bat pour conserver son trésor.

Il est sur le point de remporter la bataille lorsqu'on l'agrippe par l'arrière.
Le capitaine se retourne. Qui est donc ce traître ? Non, c'est impossible !
C'est son propre matelot ! Tom se retrouve pris au piège !
Ajoutant l'insulte à l'injure, le matelot lui dit :
– Doucement avec ta petite soeur...
Sous les yeux ébahis de Tom, le pirate se transforme en Anaïs,
et le matelot en papa.
– Redonne le bandeau à ta grand-mère, maintenant. On rentre.

– Alors, Mamie, est-ce que Papi était un vrai pirate ? demande Tom à sa grand-mère.

– Aussi vrai que toi, mon petit homme ! répond sa grand-mère.

Elle se tourne vers le père de Tom et lui parle d'une branche reçue dans l'oeil, une vieille histoire. Puis, pendant que le père de Tom cherche ses clés de voiture, Mamie se penche vers Tom. Elle lui tend discrètement le bandeau en faisant un clin d'oeil et lui dit :

– Prends-le. Il sera bien plus utile chez toi que chez moi !

Conscient de la valeur inestimable du bandeau, Tom fait un gros bisou à sa grand-mère pour la remercier.

Aujourd'hui, Tom rentre à la maison
avec tout un univers dans sa poche !